Eduard Albert

Die Erfolge des Messers

Antwort auf die Broschüre: Unter der Herrschaft des Messers

Eduard Albert

Die Erfolge des Messers
Antwort auf die Broschüre: Unter der Herrschaft des Messers

ISBN/EAN: 9783742869906

Hergestellt in Europa, USA, Kanada, Australien, Japan

Cover: Foto ©Thomas Meinert / pixelio.de

Manufactured and distributed by brebook publishing software
(www.brebook.com)

Eduard Albert

Die Erfolge des Messers

Die
Erfolge des Messers.

Antwort

auf die Broschüre:

Unter der Herrschaft des Messers.

Von

Prof. E. Albert
k. k. Hofrath in Wien.

Wien 1892.

Alfred Hölder

k. u. k. Hof- und Universitäts-Buchhändler

I. Rothenthurmstraße 15.

Vorwort.

Ich unternehme es, die Behauptungen einer Broschüre zu widerlegen, die in den letzten Tagen unter dem Titel: „Unter der Herrschaft des Messers. Ein Mahnwort von einem Freunde der leidenden Menschheit", in Wien erschienen ist, und die in den ärztlichen Kreisen sowie auch unter den Laien einiges Aufsehen erregt.

Die Broschüre enthält nichts Neues. Die statistischen Daten, die sie citirt, sind alle längst bekannt. Sie sind in ihrer Bedeutung auch häufig erwogen worden. Und für mich insbesondere ist, wie sich aus der Erörterung selbst ergeben wird, das Ganze nur ein — alter Kohl.

Der unglaubliche Angriff, der aus unverstandenen Ziffern gegen die neuere Chirurgie geschmiedet wird, verdient nicht, von Fachmännern beachtet zu werden.

Ueber die Fachkreise hinaus können aber diejenigen Bemerkungen wirken, die das k. k. Wiener allgemeine Krankenhaus betreffen. Und sie haben in der That einiges Befremden in vielen Kreisen hervorgerufen.

Aber nachdem die Frage in die weitesten Kreise getragen wurde, soll sie einmal auch von der anderen Seite aus beleuchtet werden.

Ich werde mich selbstverständlich nur mit der Haupt=
frage beschäftigen, nur mit der Stellung der Chirurgie.

Das, was sonst die Broschüre enthält, ist ja nicht von
Bedeutung. Die vielen anekdotenhaften Bemerkungen, die
sich darin finden, könnte man, wenn es sich um Effect
handeln sollte, erstaunlich vermehren. A hat einmal dieses
gesagt, B hat jenes gesagt; es würde nur etwas Drucker=
schwärze kosten, wenn man noch anführen würde, was auch
D und E einmal gesagt haben. Ich weiß solcher Sprüche, die
sich ganz gut anbringen ließen, hunderte.

Der Verfasser der Broschüre hebt Manches hervor,
worin man ihm beistimmen muß. Die Geschichte von dem
beständigen Untersuchen des Urins ist ja wirklich charakteri=
stisch. Ich gehe hierin noch weiter. Ich habe auch das Thermo=
meter schon oft verwünscht. Eine sehr intelligente Dame
plagte ihr schwer erkranktes Kind mit fortwährender Messung
der Temperatur und regte sich auf das Aeußerste auf, so
daß ich den Gemahl ersuchte, das Thermometer zu beseitigen.
„Zertreten werde ich es, denn die Frau wird mir wirklich
verrückt," antwortete der Mann mit Genugthung, und wir
setzten es durch, daß das Kind nur gelegenheitlich auf meine
Anordnung gemessen wurde.

Aber es gibt Fälle, wo genaue und fortlaufende Unter=
suchungen nothwendig sind. Es gibt Patienten, deren Krank=
heitsverlauf für die augenblicklichen Interessen der Familie
oder einer Gruppe von Menschen, für ein Gemeinwesen,
ja für einen Staat von entschiedener Wichtigkeit ist. Die
genaue Untersuchung des Krankheitsverlaufes ist aber vor
Allem dort wichtig, wo man die Aufgabe hat, die Sache
wissenschaftlich festzustellen, also an Kliniken und in Spitälern.

Jedenfalls hat hier die objective Untersuchung mit chemischen Reactionen, mit dem Thermometer, mit physikalischen Apparaten eine ganz andere Bedeutung als die von dem Verfasser der Broschüre in der heutigen Medicin so sehr vermißte — Philosophie. (Es ist mir übrigens nicht klar, was der Verfasser unter Philosophie versteht. Pag. 6 sagt er, eine der obersten Regeln jeder richtigen Philosophie sei, daß die Vorsicht die Mutter der Weisheit ist. Es scheint also mehrere Philosophien zu geben, auch sogar mehrere richtige, nur müssen sie als obersten Satz jenen haben, der auf Kisten mit Glaswaaren zu sehen ist: „Vorsicht! Nicht stürzen!")

Daß es auf den Kranken eine erschütternde Wirkung haben müsse, wenn man ihm in's Gesicht sagt: „Sie haben den Krebs!", das ist zweifellos, aber nicht neu. Ich sage es einem Kranken nie, und wenn der arme Mensch frägt, ob es am Ende doch nicht Krebs sei, so antworte ich ihm: „Was Ihnen nicht einfällt!" In der Klinik sind meine Studenten streng angewiesen, die Diagnosen vor den Kranken nur lateinisch oder mit einer dem Kranken unverständlichen Umschreibung auszusprechen. Und soweit mir bekannt ist, thun es alle meine Collegen auch so. Wen greift also der Verfasser der Broschüre an? Daß der A oder der B einmal gegen diesen Satz gehandelt hat, mag sein.

Und so könnte man dem Verfasser in allen Punkten nachweisen, daß seine Angriffe fehlschlagen. Es ist aber nicht meine Sache, das Wort für die Internisten zu führen. Ich antworte mit Rücksicht auf die Chirurgie.

Warum ich antworte, das hat folgenden Grund. Der Verfasser hält sich anonym; er greift auch Persönlichkeiten an, ohne sie zu nennen. Aber es ist den medicinischen Kreisen nicht unklar, wen er jedesmal meint. Mir macht er zwei Vorwürfe wegen Aussprüche, die ich gelegentlich gethan. Ich werde ihm auf diese Vorwürfe zum Schlusse antworten. Sonst aber fühle ich mich nirgends getroffen. Ich habe die Oeffentlichkeit gewarnt, als man in einem wahren Delirium nach Berlin strömte, um sich nach Koch behandeln zu lassen; ich bin in ganz gleicher Sachlage gegen Adamkiewicz aufgetreten und warne das Publicum vor gleicher Leichtgläubigkeit. Ich bin bekanntlich ein eifriger Vertreter der historischen Darstellung in der Chirurgie. Ja, ich halte sogar darauf, daß meine Studenten den Aderlaß kennen und die Fälle wissen, wo man ihn in der Chirurgie mit Nutzen anwendet; es sind schon Studenten beim Rigorosum gefallen, die mir diese Frage nicht beantworteten. Ich stehe also in vielen Auffassungen dem Verfasser ganz nahe, und darum antworte ich.

Daß der Verfasser anonym ist, das ist mir gleichgiltig; ich greife ihn darum nicht um ein Haar schärfer und nicht um ein Haar milder an. Aber ich verstecke mich nicht. Der anonyme Verfasser folgt seiner Philosophie: Vorsicht ist die Mutter der Weisheit. Er schießt herüber, aber versteckt sich. Es liegt mir gar nicht daran, wer der Mann ist. Ich will zur Klärung der Frage beitragen und schreibe für diejenigen, an die sich auch der Verfasser der Broschüre gewendet hat, für die Oeffentlichkeit. Ich werde aufrichtig und ohne die Mängel unserer Kunst zu verdecken schreiben und stehe auch weiter Rede.

Ich hätte diese Antwort auf jeden Fall geschrieben, denn die Broschüre, auf welche ich antworte, ist gut gemacht und ist im Stande, auf den Uneingeweihten starken Eindruck zu machen. Mit psychologischer Berechnung bespricht der Verfasser zuerst allerhand Dinge von nebensächlicher Bedeutung, in denen man ihm Recht gibt. Dann kommt er mit Ziffern. Diese Ziffern rühren aus amtlichen Publicationen. Sie sind richtig. Nun gibt er ihnen eine bestimmte willkürliche Bedeutung. Er verfährt hiebei mit großem Muth, und das gewinnt für ihn. Nur merkt der Uneingeweihte nicht, daß diese Ziffern die Bedeutung nicht haben, die ihnen der Verfasser der Broschüre gibt. Der Laie kann auch nicht jene Kenntniß der Dinge besitzen, die nothwendig ist, um die grobe Täuschung durchzublicken. Die nachfolgenden Zeilen sollen nun Jedermann in den Stand setzen, sich ein Urtheil zu bilden, wie die Dinge liegen.

Dem Herrn Verfasser rathe ich dann, unter die Leute zu gehen und zu horchen, was sie von seiner Broschüre denken. In den Mantel der Anonymität gehüllt, wird er nicht genirend wirken, wenn man vor ihm über ihn sprechen wird. Er hat bei seiner Arbeit nicht geahnt, wie schlimm ihm ein Zufall dabei mitgespielt hat.

Um so lieber bin ich an die gegenwärtige Arbeit gegangen, als mir von einer hochangesehenen medicinischen Stelle aus nahegelegt wurde, in der Sache klärend vorzugehen.

Wien, April 1892.

Prof. E. Albert.

I.

Als vor einigen Jahren das hundertjährige Bestehen des k. k. allgemeinen Krankenhauses gefeiert werden sollte, hatte ich mit dem damaligen Director dieser Anstalt ein Gespräch, welches ich hier reproduciren will, da es dieselbe, genau die= selbe Angelegenheit betrifft, die der Verfasser der Broschüre: „Unter der Herrschaft des Messers" erörtert.

Der leider schon heimgegangene, so vornehm denkende und wohlwollende und allen ruhigen Fortschritten warm zu= gethane Director Hofmann reichte mir die Hand und sagte: „Ihr seid jetzt die Herren und Führer, Ihr Chirurgen! Jetzt solltet Ihr einmal das Kunststück machen, die Morta= lität des Jubeljahres so stark herabzudrücken, daß wir triumphirend die geringe Mortalität dieses Jahres der größeren Mortalität des ersten Jahres des Bestehens dieser Anstalt gegenüberstellen könnten. Macht es! Ein Jahrhundert sieht auf Euch herab."

„Wenn Sie nicht mehr wollen, so können wir das leicht machen," antwortete ich; „wie viel Percent Mortalität wünschen Sie?"

Der Mann verlor seinen freundlichen Gesichtsausdruck, schaute mich ganz ernst an und sagte ganz beklommen:

1

„Sehen Sie, ich grüble über ein Räthsel nach, das auf den ersten Augenblick unbegreiflich erscheint. Ich sehe die enormen Leistungen der antiseptischen Behandlung. Ihr amputirt die Arme und die Beine, Ihr resecirt die Gelenke, Ihr exstirpirt die Neubildungen; es stirbt fast kein Mensch an diesen Operationen, die doch früher ein immerhin bedeutendes Sterblichkeitspercent aufwiesen, und das Resultat ist — daß das Gesammtpercent der Mortalität im allgemeinen Krankenhause nicht heruntergeht. Ich zitterte vor einigen Jahren bei dem Gedanken, wie ich den Kostenpunkt vertheidigen werde, wenn einmal die Behörde Schwierigkeiten machen sollte, die enormen Auslagen der Antiseptik zu bewilligen. Mit einer nachweisbaren Verminderung der Mortalität hätte ich nicht kommen können. Da sehen Sie!" Und er zeigte mir seine Tabellen. Wirklich da steht es. Die Mortalität der Kranken hat eigentlich nicht hochgradig abgenommen. Trotz aller Antiseptik nicht.

Ich blätterte unter den Tabellen und antwortete: „Für uns brauchen Sie nicht zu zittern; wenn man gegen die Antiseptik auftreten sollte, werden wir selbst schon einzutreten wissen. Zittern Sie lieber für sich! Da sehen Sie! Die Mortalität nimmt im ganzen Hause zu, die Heilungsresultate werden immer schlechter. Was hat Ihnen die Einleitung der Hochquellenleitung genützt? Was nützt Ihnen alles bauliche Reformiren, alle hygienischen Verbesserungen? Alles umsonst! Lauter hinausgeworfenes Geld! Ueber die Thatsache, daß die Heilungsresultate geringer werden, daß die Mortalitätspercente im ganzen Hause steigen, können Sie nicht hinwegspringen. Und da wollen Sie sich über uns Chirurgen moquiren?"

„Ja, wenn ich mir das ganze Haus mit Kranken be=
lege, die sich einen acuten Magenkatarrh zugezogen haben,
oder die an einem fieberhaften Schnupfen leiden; wenn ich
mir alte Männer mit Bronchialkatarrh und alte Weiber
mit gichtischen Zuständen herlege, wenn ich jeden müden
Wanderer aufnehme, der sich die Füße wundgegangen hat,
und jede Angina — dann werde ich freilich brillante
Heilungsresultate erhalten. Aber geht das? Die Stadt Wien
wächst! In früheren Zeiten hat das allgemeine Krankenhaus
für die ganze Stadt genügt. Und es gab Tage, wo man
80, ja 100 freie Betten hatte. Da ging es an, die armen
Teufeln mit wundgegangenen Füßen aufzunehmen; man
konnte Barmherzigkeit üben. Da war es leicht, bessere
Heilungspercente zu erreichen. Jetzt habe ich beständig Platz=
mangel! Auch mancher schwere Fall muß mitunter ab=
gewiesen werden. Die Krankheitskategorien, die hier jetzt be=
handelt werden, sind anderer Art als früher. Und da trägt
wohl noch ein anderer Umstand Schuld. Früher hatte ich
lauter einfache Primarärzte, jetzt habe ich viele Professoren
im Hause; jeder lehrt, jeder will interessantes Material und
verschafft es sich in den Ambulanzen; er belegt seine Ab=
theilung mit relativ schwereren Fällen. Und da soll ich
Resultate haben wie andere Spitäler, die Alles aufnehmen
und Menschen mit Magenkatarrh, mit chronischen Gelenks=
krankheiten wochen= und wochenlang behalten? Ich wäre auch
gegen diese Menschen gerne barmherzig, nur müßte man das
Haus doppelt so groß machen!“

„Nun, verehrtester Freund, und wie geht es uns
Chirurgen? Erinnern Sie sich an die Zeit, wo ich hier als
Assistent gedient habe? Da lagen die Kranken mit Bruch

des Schlüsselbeines und mit Bruch der Armspindel wochen=
lang da, chronische Fußgeschwüre in Hülle und Fülle, auch
Furunkeln und Lymphdrüsenentzündung u. dgl. Ja, damals
hat die Mortalität freilich geringer sein können als jetzt.
Jetzt behandeln wir eine ungeheure Masse von Kranken,
die früher in's Spital aufgenommen wurden, ambulatorisch.
Ein Schlüsselbeinbruch wird mit Verband versehen und
expedirt; ein Radiusbruch ebenfalls; ein Oberarmbruch
detto; chronische Gelenksentzündungen, die früher auf dem
Petit'schen Stiefel oder in Gyps lagen und mit Eisbeuteln
behandelt wurden, werden heute in der Ambulanz behandelt.
Werden denn diese Fälle nicht geheilt? Nehmen Sie, Ver=
ehrtester, alle diese Fälle in die Statistik des Krankenhauses
auf, und das Heilungspercent wird hinaufschnellen, daß Sie
selbst überrascht sein werden. Die Ambulanzkranken nehmen
ja enorm zu."

„Das ist ein Gedanke," antwortete Hofmann, „zumal
man gegen die Unkosten der Ambulanzen sehr ungehalten
ist. Aber wahr ist es, ein großer Theil des jetzt ambulanten
Materials war früher als stationäres Material im Hause,
erschien in den Ausweisen, erschien in den Ziffern, erhöhte
das Heilungspercent. Unbedingt!"

„Und nun," fuhr ich fort, „sehen Sie sich das an,
was auf den chirurgischen Abtheilungen und Kliniken liegt!
Wie viel Bauchschnitte macht Salzer im Jahre, und wann
wurde denn früher einer gemacht? Und was erst auf den
chirurgischen Kliniken? Welche Krankheitsformen sehen Sie
denn jetzt bei uns?"

„Das ist Alles wahr, Liebster, und Niemand ist von
dem Segen, der in der Antiseptik liegt, mehr überzeugt als

ich; aber ich habe noch immer einen gewissen Zweifel in mir. Warum geht unser Heilungsprocent trotzdem nicht viel mehr in die Höhe, warum geht unsere Mortalität trotzdem nicht herab?"

Ich führe nun das Gespräch, um nicht schleppend zu werden, nicht weiter und will die Angelegenheit systematischer besprechen. Der Verfasser der Broschüre — ich will ihn der Kürze halber B. nennen — sieht, daß die ganze Sache vielleicht für ihn neu ist, nicht aber für Andere. Oft und oft habe ich dann die Angelegenheit mit Hofmann besprochen, und es ist für mich wirklich alter Kohl, den ich da auf= wärmen muß.

II.

Ein seinerzeit sehr geachteter Chirurg eines Nachbarlandes rühmte sich in den späteren Jahren seiner Wirksamkeit, er verliere keine seiner Operirten; alle würden gesund. Die Sache war nahezu ganz richtig. Der Mann operirte keinen Fall, der ihm nur ein wenig kritisch schien. Und so war er ein sehr glücklicher Operateur.

Genau nach demselben Recepte hätten wir handeln können, um zu Hofmann's Freude im Jubeljahre des Krankenhauses die Mortalitätsziffer wesentlich herabzudrücken. Wir hätten uns auf Amputationen, ab und zu Gelenks-resectionen, Hydrokelenschnitte, Bruchschnitte, Exstirpationen von äußerlich gelegenen Neubildungen u. dgl. — mit einem Worte, wir hätten uns nur auf jene Operationen beschränken können, welche die Chirurgie der vorantiseptischen Zeit cultivirte, und die Mortalitätsziffer wäre in eclatanter Weise herabgedrückt worden. Das wird auch Herr B. nicht in Abrede stellen; er gibt ja die Erfolge der Antiseptik zu.

Seinerzeit ließ ich die Statistik der Amputationen und Resectionen, die auf meiner Klinik in der vorantiseptischen Zeit, in der Uebergangsperiode und unter der Herrschaft der Antiseptik ausgeführt worden waren, zusammenstellen. Der

jetzige Professor Piskaček, der diese Arbeit ausführte, fand,
daß die Mortalität in der vorantiseptischen Zeit 50 Percent
betrug, in der Uebergangsperiode auf 15 Percent und dann
noch mehr sank, so daß sie sich zwischen 1 und 3 Percent
bewegt. Seit Jahren erinnere ich mich nicht, daß mir ein
Fall von Carcinoma mammae in Folge der Operation
gestorben wäre, und die Zahl der Fälle geht in Hunderte.
In früheren Zeiten sind die Todesfälle nicht gar so selten
gewesen.

Wenn wir also nur diese und ähnliche Operationen
mit allen den Hilfsmitteln der Antiseptik ein Jahr lang
cultivirt hätten, so hätte der Krankenhausbericht beispielsweise
folgendes Ergebniß enthalten.

Chirurgische Operationen wurden im Jahre 1786
100 ausgeführt; das Mortalitätspercent betrug 10 Percent.
Im Jahre 1886 wurden 350 Operationen ausgeführt; das
Mortalitätsverhältnis betrug nur 2 Percent. Ich frage Herrn B.,
ob er auch dann den Muth gehabt hätte, zu fordern,
daß eine solche Chirurgie, die das Mortalitätspercent von
10 auf 2 herabgedrückt hat, „in die gebührenden Schranken
zurückverwiesen werde". Gewiß nicht, er hätte den Hut vor
ihr gezogen und hätte sie gepriesen als die Führerin der
Heilkunde.

Und nun frage ich, existirt jene Chirurgie, welche die
Mortalität der älteren typischen Operationen auf eine
minimale Höhe herabgedrückt hat, etwa n i c h t? Ist sie nur
ein Traum?

Haben wir bei Amputationen die Erfolge nicht geradezu
kolossal gebessert? Nicht bei Mamma-Amputationen und so
weiter, und so weiter?

Nun das leugnet auch Herr V. eigentlich nicht. Er vergleicht allerdings nicht ein ganzes Jahrhundert der chirurgischen Thätigkeit, sondern nur die Resultate von 1856 und 1888, und da sagt er Folgendes:

„Daß aber die Chirurgen des Jahres 1888 trotz der eminenten Hilfe, die ihnen durch die Fortschritte der Operationstechnik und der antiseptischen Methode geworden ist, keine Fortschritte in den Sterblichkeitpercenten und 11 Percent Rückschritte im Vergleiche mit den Chirurgen des Jahres 1856 gemacht haben, legt den Gedanken nahe, daß die Chirurgen von heute durch ihre enorm gesteigerte Operationslust die Vortheile, die ihnen die Fortschritte bieten, selbst wieder vernichten, und der ganze Erfolg für das leidende Publicum darin besteht, daß auf den chirurgischen Kliniken und Abtheilungen an ihm zwölfmal mehr operirt wird als im Jahre 1856."

Bevor ich diesen Passus zergliedere, muß ich nur eine kleine Bemerkung anbringen. Herr V. spricht so, als ob die Fortschritte der Antiseptik den Chirurgen „geboten" würden, quasi von anderer Seite, und als ob die Chirurgen nur damit nicht rechten Gebrauch machen könnten. Es ist nun bekannt, daß die Antiseptik von einem Chirurgen begründet und von Chirurgen weiter entwickelt wurde. Herr V. hebt nämlich besonders hervor, daß wichtige Ideen in der Medicin aus Laienkreisen stammen. Die Antiseptik ist eine Frucht chirurgischer Arbeit und wurde durch rein wissenschaftliche Forschung angeregt.

Auf Obiges eingehend, habe ich vor Allem zu betonen, daß der Unterschied zwischen 1856 und 1888 nicht nur darin besteht, daß heute zwölfmal mehr operirt wird, sondern auch darin, daß heute ganz Anderes operirt wird. Wer also die Operationserfolge von damals mit jenen von heute so vergleicht, wie Herr V., begeht zwei elementare Fehler, erstens daß er eine kleine und eine zwölfmal größere Reihe miteinander vergleicht, zweitens daß er zwei ganz verschiedene Objecte vergleicht. Mit Rücksicht auf den ersten Punkt hätte die Wahrscheinlichkeitsrechnung zu Hilfe gezogen werden müssen, und wenn mir auch Liebermeister's Formeln nicht ganz vorwurfslos zu sein scheinen, so hätte der Vergleich mit großer Reserve angestellt werden sollen. Bezüglich des zweiten Punktes aber entfällt jede Entschuldigung für den Herrn V. Man kann nicht eine Reihe von 200 Tenotomien, Atheromexstirpationen, Amputationen ꝛc. mit 2000 Fällen vergleichen, wo alle die genannten Operationen auch, aber daneben in großer Zahl auch weitaus bedeutungsvollere Eingriffe repräsentirt sind. Gegen die Methode muß also formell protestirt werden.

Ein Vergleich zwischen den Leistungen der Chirurgie von 1856 und jenen von 1888 muß ganz anders angestellt werden, und ich entwerfe zu dem Zwecke folgenden Gedanken:

Wenn heute einer der älteren Chirurgen der vorantiseptischen Zeit, also ein Chirurg aus dem Jahre 1856, aufleben könnte und eine augenblicklich belegte chirurgische Klinik zur Leitung in die Hand bekäme, so fände er wohl seine alten Bekannten, die Fälle von Caries der Gelenke, von Carcinoma und Sarkoma mammae. von Hasenscharte und Lipoma, von Hernia incarcerata, Hydrokele und Blasenstein und eine gewisse Zahl von Traumen vor. Daneben aber fände er zu seinem größten Erstaunen auch ein zur Resectio bestimmtes, schön bewegliches Carcinoma pylori vor, eine zur Gastrostomie bestimmte impermeable Strictur des Oesophagus, an der jede Entrirung gescheitert ist; er würde einen oder mehrere Fälle von Carcinoma flexurae sigmoideae sehen, das eine zur Colotomie, das andere zur Resection bestimmt, mehrere Ovarialcysten, mehrere Uterusmyome, mehrere schwere Strumen.

Alle diese Fälle würde er sofort entlassen, im Glauben, daß die Fälle sicher nur wegen Platzmangel hergelegt sind; einige Fälle würden auf die medicinische, andere auf die geburtshilfliche Klinik transferirt, andere nach Hause entlassen.

Eine ganz ansehnliche Zahl dieser Fälle würde nun ganz gewiß früher oder später noch in demselben Verwaltungsjahre sterben. Jene, die auf der medicinischen oder gynäkologischen Klinik sterben würden, erschienen zwar als Verstorbene im Jahresberichte, aber nicht in der Rubrik der chirurgischen Kranken, sondern anderwärts, wo sie ihr Leben beenden.

Es ist nun ganz gleich, ob man auf Zimmer Nummer 38 oder auf Zimmer Nummer 101 stirbt und ob man von einem Chirurgen oder Internisten noch die letzten Morphiumdosen erhält. Gestorben ist gestorben. Und wenn ein anderer derartiger Fall das Spital verläßt und zu Hause stirbt, so ist er in dem Jahresberichte des Krankenhauses wohl als ungeheilt oder gebessert ausgetragen — häufig ist diese Besserung ja nur von ganz kurz vorübergehender Dauer — aber der Betreffende ist später doch todt, ob er nun in der Sterbematrik seines Heimatsortes als Todter ausgewiesen wird, oder auch in der Zeitung unter den Verstorbenen verzeichnet erscheint. Daß er in dem Jahresberichte unter den Todten nicht vorkommt, das ist für mich und Jeden, der die wirkliche Welt vor Augen hat, ganz gleichgiltig.

Nun würde man dem Chirurgen vom Jahre 1856 Folgendes sagen: „Es handelt sich um einen wichtigen Vergleich. Sie müssen so gut sein und die Fälle, die Sie auf die medicinische und gynäkologische Klinik und die Sie nach Hause als unheilbar entlassen haben, wieder auf die chirurgische Klinik aufnehmen. Behandeln Sie sie nach den Principien vom Jahre 1856, also symptomatisch, medicinisch, aber lassen Sie dieselben hier."

„Ja, viele dieser Leute werden hier sterben; andere können hier nicht behandelt werden; ich werde doch keine Strumen operiren?" So würde der Chirurg von 1856 antworten.

„Das macht nichts, lassen Sie die Leute nur hier; am Schlusse des Jahres werden wir die hier verstorbenen Unheilbaren als todt und die lebenden Unheilbaren als ungeheilt austragen. Für den Gang der Welt ist es gleichgiltig, ob die Einen hier oder anderwärts sterben, die Anderen hier oder anderwärts als ungeheilt ausgetragen werden; das betrifft ja nur die Schreiber in der Kanzlei, auf welches Blatt sie die Todten und Ungeheilten aufschreiben. Todt ist todt, und ungeheilt ist ungeheilt."

„Ja, aber da wird ja die Statistik meiner Abtheilung ganz schrecklich ausfallen?"

„Wie viel Heilungspercent hatten Sie im Jahre 1856?"

„Ich hatte 90 Percent Heilungen."

„Und wie viel Percent Heilungen werden Sie jetzt haben, wenn man Ihnen die von Ihnen Abgewiesenen aufbürdet?"

„Mein Gott, ich fürchte, die Ziffer wird unter 50 Percent sinken!"

Dieser Gedankengang deutet an, wie man den Vergleich zwischen Einst und Jetzt anstellen müßte, falls er ernst zu nehmen wäre; denn jetzt liegen auf den chirurgischen Kliniken alle die genannten Krankheitskategorien und belasten ihr Mortalitätspercent.

III.

Ich glaube, daß die Richtigkeit des von mir entwickelten Gedankens Jedermann einsehen muß.

Herr B. hat sich die Sache aber sehr einfach vorgestellt. Er griff folgende Ziffern heraus:

	Vorantiseptisch		Antiseptisch
	1856	1867	1888
Operationen	184	443	2122
Sterblichkeitspercent . . .	7	13	7·9
Heilungspercent	89	83	78

„Der ganze Erfolg für das leidende Publicum besteht darin," sagt er pag. 33 seiner Broschüre, „daß auf den chirurgischen Kliniken und Abtheilungen an ihm zwölfmal mehr operirt wird als im Jahre 1856."

„Was nützt es der Menschheit im Allgemeinen, wenn Einer durch eine Operation gerettet wird, und ein Anderer muß dafür das Leben lassen, wo es nicht nothwendig ist oder wenigstens noch nicht an der Zeit ist?" [Pag. 39, Anm. **) der Broschüre.]

Als ich diese Ziffern sah, fiel mir nur Eines auf. Sollte die Mortalität der chirurgischen Operationen im Jahre 1856 wirklich nur 7 Percent betragen haben? Das ist doch nicht möglich! Mein erster Gedanke war: Ein Druckfehler!

Und wenn nicht ein Druckfehler, so hat der Herr B. wahrscheinlich aus der vorantiseptischen Zeit einen Jahrgang herausgegriffen, der die geringste Mortalität aufwies; dann hat er aus der antiseptischen Zeit einen Jahrgang herausgegriffen, der die größte Mortalität dieser Epoche aufwies, und dann stellte er den Vergleich an. Es konnte absichtlich oder auch unabsichtlich geschehen sein, daß er dort ein Minimum, hier ein Maximum vorführt.

Angenommen, es wäre so, so wäre ja die Sache noch immer nicht so schlimm. Wenn unsere Mortalität in maximo nur so viel beträgt, als die Mortalität unserer Vorgänger in minimo betrug, so ist ja der Fortschritt eclatant nach= gewiesen.

Dazu kam aber noch folgende Erwägung, die ich an= stellte.

Die antiseptische Behandlung setzt uns heutzutage in die Lage, zahllose kleinere Operationen ambulatorisch zu machen, die man im Jahre 1856 überhaupt nicht machte, wie die vielen orthopädischen und anderen Operationen, die man nur gemacht hätte, wenn der Kranke sich auf die Klinik hätte aufnehmen lassen, um in Pflege, Behandlung und Ueber= wachung zu bleiben. Nun hat sich die Masse des ambulanten Materiales ungemein vermehrt, auf meiner Klinik gegen das Jahr 1856 mindestens verzehnfacht. Die in der Ambulanz vorgenommenen Operationen stehen aber in den Jahres= berichten des Krankenhauses nicht. Da aber gerade sie niemals von einem tödtlichen Ausgange begleitet sind, so würde ihre Aufnahme in den Jahresbericht die heutige Mortalitätsziffer

ganz bedeutend herabdrücken. In der Wirklichkeit besteht
also ein viel kleineres Mortalitätspercent; nur auf
dem Papiere steht es nicht. Herr B. benützt nur die auf
dem Papiere stehenden Zahlen, die übrigen kennt er nicht.
Er ist also im Irrthum über die Wirklichkeit. Und hiemit
könnte ich meine Entgegnung schließen. Angenommen, daß
man an den 10.000 Ambulanten meiner Klinik täglich nur
eine solche Operation macht, so macht das im Jahre rund
360 Operationen, sämmtlich mit Heilung; angenommen,
daß bei Billroth dasselbe vorkommt; endlich, daß auf allen
übrigen chirurgischen Abtheilungen zusammen eine ebensolche
Ziffer vorkommt: so erhalte ich für das Jahr eine Mortali=
tätsziffer von rund 5 Percent.

Stünde dann der Mortalitätsziffer von 7 Percent aus
dem Jahre 1856 die jetzige von 5 Percent gegenüber, so
müßte das Urtheil heißen: „Die moderne Chirurgie hat trotz
der kolossalen Eingriffe, die sie wagt, die Mortalitätsziffer
von 7 Percent auf 5 Percent herabgedrückt."

Ob meine approximative Berechnung bis auf die
Decimalstellen richtig ist, und wie weit sie von der richtigen
abweichen kann — nach oben oder nach unten — das mag
einstweilen auf sich beruhen. Aber Jemand, der mit einer
solchen Kampfschrift, wie Herr B., auftritt, der hätte sich
darum kümmern sollen, wie heute die chirurgischen Kliniken
arbeiten, und er hätte das gefunden, was ich soeben an=
geführt. Jemand, der von der Statistik so nüchtern spricht,
hätte sich nicht auf statistische Berichte allein verlassen sollen.

IV.

Aber die Mortalitätsziffer von 7 Percent im Jahre 1856 war mir doch an und für sich unwahrscheinlich; da der Herr B. in der Verwerthung des statistischen Materiales auch in anderen Punkten eine unglaubliche Naivetät an den Tag legt — so insbesondere in der Discussion der Erfolge bei gutartigen und bei bösartigen Neubildungen —, so schien es mir sehr wahrscheinlich, daß hier eines von jenen Momenten mitspielen muß, welches anscheinend tragische Angelegenheiten zu einfachen „Aufsitzern" macht.

Ich ging also, wie die Juristen sagen, in die Grund= bücher und fand in den amtlichen Jahresberichten des k. k. allgemeinen Krankenhauses Folgendes:

Die Mortalität betrug bei den Operationen:

Im Jahre 1855 . . . . 10 Percent

„ „ 1856 . . . . 7 „

„ „ 1857 . . . . 14 „

„ „ 1858 . . . . 11 „

„ „ 1859 . . . . 13·8 „

Also hatte Herr B. in der That einen Jahrgang mit aus= nahmsweise niedriger Mortalität herausgegriffen! Aber das würde, wie oben auseinandergesetzt wurde, auch nicht entscheiden.

Hingegen sah ich sofort, welches Malheur dem muthigen Herrn B. passirt sei.

Die Mortalitätsziffern des Jahres 1856 und der vorausgegangenen Jahre beziehen sich nämlich nur auf die Abtheilungen des k. k. allgemeinen Krankenhauses, nicht aber auch auf die Kliniken.*)

Die Direction des Krankenhauses hebt auch in den Berichten aus der damaligen Zeit hervor, daß die meisten und wichtigsten Operationen auf den Kliniken geschehen; gerade über diese Operationen enthält aber der Bericht des Krankenhauses nichts; er enthält nur den Ausweis über vier Abtheilungen des Krankenhauses.

Auf der einen Seite stehen also die Resultate der Operationen auf den Abtheilungen (Jahr 1856), auf der anderen Seite (Jahr 1867 und 1888) stehen die Resultate der Abtheilungen plus den Resultaten der Kliniken. Das vergleicht nun der Herr B. als gleichartige Größen.

Was würde einem Publicisten geschehen, wenn er bei der Vergleichung der Steuerleistung aus dem Jahre 1856

---

*) Noch im Jahre 1854 ist der Bericht über die Operationen an den Kliniken geschieden von dem Berichte an den vier Abtheilungen (zwei selbstständige und zwei von den klinischen Professoren neben den Kliniken geleitete Abtheilungen). Im Jahre 1855 werden die Operationen an den Kliniken gar nicht referirt; auch im Jahre 1856 nicht. Erst im Jahre 1857 sagt der Bericht, daß die klinischen Professoren Reservezimmer erhalten haben; dafür erscheinen aber drei selbstständige Abtheilungen (Primariate), und von nun an laufen die Operationsberichte summarisch. Für das Jahr 1855 und 1856 müßten die Operationen aus den klinischen Archiven ausgehoben werden; erst dann ließen sich die betreffenden Mortalitätsziffern sicherstellen. Ueberhaupt sind aber die Spitalsberichte häufig ungenau.

mit jener aus dem Jahre 1888 dort nur die directen, hier aber die directen plus den indirecten Steuern in Betracht ziehen würde? Ist es denkbar, daß es einen solchen Publicisten überhaupt gibt?

Und da kommt ein Mensch, der Arzt ist, schreibt eine Broschüre, deren Kernpunkt in einem Mißgriffe liegt; die Broschüre macht Eindruck — wie ist das möglich?

Dasselbe Publicum, das im Stande ist zu sagen: die Doctoren haben den X. verpatzt oder den Y. umgebracht, hat augenblicklich die Contenance verloren und ruft gegenüber der Broschüre des Herrn V. aus: Ja, es hat es ja ein Doctor gesagt und — bewiesen.

Difficile est satyram non scribere.

Gehen wir also wieder zu den Ziffern zurück.

Nehmen wir solche Ziffern, wo die Operationsberichte schon summarisch laufen, also vom Jahre 1857 an, und stellen wir fünf Jahre der früheren Zeit mit fünf Jahren der antiseptischen Zeit zusammen.

Die Berichte des allgemeinen Krankenhauses liefern folgende Ziffern:

Jahr	Zahl der Operationen	Davon gestorben	
1857	355	51 = 14·3	Percent
1858	399	44 = 11·0	„
1859	339	47 = 13·8	„
1860	322	59 = 18·6	„
1861	401	54 = 13·4	„
1885	1529	127 = 8·2	„
1886	1634	104 = 6·3	„
1887	1538	87 = 5·6	„
1888	2770	184 = 6·6	„
1889	3181	245 = 7·7	„

Diese Zahlen standen auch Herrn B. zur Verfügung;
er hätte ja überhaupt, um jeden Zufall auszuschließen,
Reihen von Jahrgängen im vorhinein wählen sollen.

In der ersten Reihe stehen die Resultate der vorantiseptischen Chirurgie, in der zweiten jene der antiseptischen.
Nun rathe ich Jedem, der diese Zahlen liest und die
Broschüre des Herrn B. etwa nicht gelesen hat, sich diese
letztere Broschüre zu kaufen, um dann einzusehen, was Alles
behauptet, geschrieben, gedruckt werden kann und darf.

„Nicht Einen Mann haben sie dem Tode abgerungen,"
ruft Herr B. über die Chirurgen aus, und das wird von
Vielen geglaubt.

Bei dieser Zusammenstellung ist aber bei Weitem noch
nicht jene Correctur eingeführt, die ich im Capitel II motivirt
habe. Ich könnte eine solche in einer anschaulichen Form
versuchen, aber ich glaube, meine Argumentation sei gar nicht
nöthig; auch ohne die Correctur sprechen die Ziffern, daß
die Mortalität auf die Hälfte der früheren Höhe herabgedrückt ist, trotzdem daß ganz andere gewaltige Eingriffe
ausgeführt werden.

„Nicht Einen Mann haben sie dem Tode abgerungen."
Herr B. ist durch die obigen Ziffern gezwungen, zu wider-
rufen, falls er ein Mann ist, der der Wahrheit dienen will.
Er ist den angeführten Ziffern gegenüber zum Widerrufe
gezwungen, auch wenn die von ihm herausgerissene Mortalitätsziffer des Jahres 1856 richtig wäre!

V.

Ich habe aber mit Herrn B. noch eine ganz andere Angelegenheit zu besprechen. Es ist dies der Vorwurf der enormen Operationsluft, den er den Wiener Chirurgen macht.

Ich bemerke dabei, daß mir einige Aerzte die Frage stellten, ob in diesem Vorwurfe nicht ein Körnchen Wahrheit liege.

Einer der berühmtesten Gelehrten des vorigen Jahrhunderts war nebstdem, daß er eine theoretische Lehrkanzel versah, auch Professor der Chirurgie. Er berichtet uns über seine chirurgische Thätigkeit, er habe es niemals gewagt, in den menschlichen Körper einzuschneiden, aus Furcht, nicht zu viel zu schaden („nimium ne nocerem veritus"). Der Mann hatte also bei Operationen eine Mortalität von gerade $=$ .0 Percent. Sein Zeitgenosse, der alte Richter in Göttingen, war ein guter Operateur und hatte bei seinen Operationen jährlich einige, sagen wir 5 Percent Mortalität. Es wäre nun, wie Jeder sofort zugeben wird, ganz unthunlich, den ersteren ohneweiters als einen nützlicheren Chirurgen zu erklären, da er wohl niemals auch nur einen einzigen Operirten verloren hatte, wohl aber so manchen sterben ließ, der hätte gerettet werden können.

Hätte man im Alterthum jene Furcht vor dem Schneiden besessen, wie sie der oberwähnte Gelehrte besaß, so wäre die Chirurgie überhaupt nicht entstanden. Aber da sich die Menschen auch vor Schwertern und Lanzen nicht fürchteten, so fürchteten sie sich gegebenen Falles auch vor dem Messer nicht. Und so entwickelte sich langsam die Chirurgie als ein nützlicher Zweig der Wissenschaft.

Es war um das Jahr 1867. In London machte Spencer Wells durch seine Ovariotomien Aufsehen. Collega Kumar reiste nach London, um die Sache aus eigener Anschauung kennen zu lernen. Er hielt sich längere Zeit daselbst auf, und der nüchterne, ruhige Mann kam zurück mit der Ueberzeugung, daß die Operation zu pflegen sei. Er rief der aufmerksamen Versammlung der k. k. Gesellschaft der Aerzte zu: „Man lasse sich nicht durch zwei, drei Mißerfolge, die hintereinander kommen können, abschrecken; ich sah, daß dann sieben, zehn, zwölf günstige Erfolge hintereinander kommen." Ich reproducire nur dem Sinne nach. Und welche Erfolge hat die Ovariotomie heute? Auf 100 Operationen 2 oder 3 Mißerfolge. Es gibt auch Operateure, die schon so glücklich waren, 100 Fälle nacheinander ohne auch nur einen Todesfall zu erleben; also 0 Percent Mortalität! Wenn nun vor 20 Jahren irgend ein Chirurg 10 Ovariotomien gemacht hätte, wobei 5 Heilungen und 5 Todesfälle vorgekommen wären, so hätte Herr B. auch kommen können mit dem Einwurfe: „Wie kommen die 5 Frauen dazu, zu sterben, damit dafür 5 andere leben können?" Ich weiß nicht, wie sie dazu kommen, aber so hat Gott die Welt erschaffen, daß unsere Erfolge mit Opfern bezahlt werden müssen. Als die Eisenbahnen eingeführt wurden, wie kamen denn die Wirthe an den großen Landstraßen dazu, materiell zu Grunde zu gehen? Und wie kommt eine bestimmte Reiterescadron dazu, decimirt zu werden, um den Rückzug eines Corps zu decken? Nun, Herr V.!?

Damals, als die Ovariotomie im Beginne ihrer Ausbreitung war, sagte man einer Frau, die an dem Uebel litt, Folgendes: „Sie können durch eine Operation geheilt werden; Sie können auch sterben; aber die Wahrscheinlichkeit, daß Sie aufkommen, ist nicht geringer, als daß Sie sterben." Die eine Frau antwortete: „Am Sterben liegt mir nichts, entweder — oder; so aber mag ich nicht leben." Die andere sagte: „Sterben möchte ich doch nicht; ich trage halt die Sache weiter und komme vielleicht später, wenn mir der Zustand doch unerträglich werden sollte." Man hatte ja die Frauen nicht gezwungen. Heute sagt man: „Lassen Sie sich nur operiren, die Gefahr ist ja kaum größer, als vordem eine Entbindung war!"

Wäre das Alles ohne eine gewisse gesteigerte Operationslust so geworden?

Noch eine andere Geschichte. Billroth's Magenresection war gewiß ein Eingriff kühner Art. Man muß sich nur in die Zeit zurückdenken und sich an Alles das erinnern, was pro und contra geschrieben und — gesprochen wurde. Die Sache hatte Aufsehen gemacht, und sofort wollten auch einzelne Menschen Aufsehen machen. Es wurden Magenresectionen vorgenommen, die heute kein besonnener Chirurg unternehmen würde. Sie sind auch verurtheilt worden. Heute ist die Sachlage geklärt; man weiß so ziemlich, wo die Grenze ist. Ohne Billroth's Initiative wäre die Operation in der Chirurgie nicht eingebürgert worden. Daß auch ganz untaugliche Fälle operirt worden sind, das ist ein Fehler ganz concreter Individuen, und gegen die Ausartung ist eben Front gemacht worden. Die Correctur ist schon da. Die Correctur geschieht durch diejenigen, welche die Sache verstehen.

Noch eine Geschichte. Die Operation des Kropfes wurde von einem Manne, wie Linhart, als chirurgischer Mord bezeichnet und aus der Reihe der zulässigen Operationen gestrichen. Da kam zu mir, als ich Professor in Innsbruck war, ein Mädchen von Landeck, mit einem Kropfe behaftet, der das Athmen wesentlich hinderte, und zwar so, daß das Mädchen, das ich heute noch vor mir förmlich sehe, entschieden bat, daß ich den Kropf entferne. Chirurgischer Mord! Ich entschloß mich, daß die Sache gewagt werden müsse. Die Operation gelang glänzend, die erste totale Kropfexstirpation in Oesterreich, und die zweite in der Welt, da Küster, ohne daß ich davon eine Ahnung hatte, die gleiche Operation in Deutschland auch gemacht hatte. Das Mädchen verlor etwa einen Löffel Blut, und die Wunde war in einigen Tagen geheilt. Ich publicirte die Sache; Andere machten es nach, und heute ist die Kropfexstirpation eine der verbreitetsten, glänzendsten, und Professor Kocher in Bern überragt uns Alle, indem er eine Reihe von über 200 Kropfoperationen aufweist ohne einen einzigen Todesfall. Das ist also aus Linhart's chirurgischem Morde geworden! Es hat auch da einige Schwierigkeiten gegeben, es starben auch da einige, aber heute ist die Sache eine unbestritten glänzende Errungenschaft der Chirurgie. Die Correctur der Fehler, das Umgehen der Schwierigkeiten besorgen wieder wir selbst, weil wir die Sache verstehen.

Und noch eine Geschichte. Die Ovariotomie hatte schon ihre glänzenden Resultate auf dem ganzen Erdenrunde aufzuweisen. In Europa, Amerika und Australien! Aber die Myome der Gebärmutter machten uns noch Kopfzerbrechen. Ich habe vor vielen Jahren bei einer Summe von 8 Fällen gehalten; 3 Fälle genasen, 5 waren gestorben. Schrecklich! Nur das eine tröstete mich, daß kurz zuvor auch Billroth kein besseres Resultat veröffentlicht hatte. Aber Péan in Paris hatte auf 24 Fälle 16 Erfolge und 8 Todesfälle. Heute noch bin ich bewegt, wenn ich daran zurückdenke, wie der bedeutende Chirurg, an dessen Seite ich hier in Wien zu wirken die Ehre habe, seines Pariser Collegen Péan gute Erfolge uneingeschränkt lobte. Er sprach von Péan's Lorbeeren!

Das schien uns fatal, daß die Myomoperationen nicht gut verlaufen wollten. Die Ovariotomie gab so gute Erfolge, und gerade die Myome, bei welchen das Leiden ein viel größeres ist, konnten wir nicht mit gleichem Erfolge operiren. Kleines gelang uns — einige Jahre früher schien es uns groß — das Größere wollte uns nicht gelingen. Doch bald darauf munterte uns Chrobak auf, indem er schrieb, es werde bald die Zeit kommen, wo die Ausgänge der Myomoperationen ebenso günstig sein werden wie jene der Ovariotomien. Heuer publicirte ich eine Reihe von 50 Bauchschnitten wegen Myomen der Gebärmutter mit 3 Todesfällen. Chrobak erfreut sich gleich günstiger Erfolge, und wenn wir uns begegnen, denken wir beide freudig an jene Prophezeiung. Ja, wie kamen die ersten 5 unglücklichen Fälle, die ich operirte, dazu, zu sterben, damit 3 andere leben?

Und da liegt der Kernpunkt der Frage. Anfangs starben fünf, und drei lebten; dann starben drei — und fünfundvierzig lebten. Zusammen starben also nur acht, und es lebten achtundvierzig. Und so Gott will, wird es in einigen Jahren heißen: Es starben zehn und es lebten neunzig, und dann wird es vielleicht noch etwas besser werden.

Ohne gesteigerte Operationslust wäre ja der evidente Fortschritt unmöglich. Jeder ungünstige Ausgang ist die Quelle neuer Erfahrungen, neuer Belehrungen; man findet Fehler und Unvollkommenheiten, verbessert die Methode und wird geschickter und vorsichtiger. Alles muß die Menschheit erst lernen.

Und somit steht die Sache nicht so, wie Herr V. sagte: „Was nützt es der Menschheit im Allgemeinen, wenn einer durch eine Operation gerettet wird und ein anderer muß dafür sein Leben lassen?"

Es steht vielmehr so, wie ich sage: „Es nützt der Menschheit im Allgemeinen, wenn zehn sterben, damit hundert Andere leben können."

Das ist das Los der Menschheit.

So wird Einer zum Erlöser Vieler.

Nun sind es aber keine gesunden Menschen, die da sterben, sondern im Ganzen und Großen solche, die an schweren Krankheiten leiden und für welche der Tod oft die Bedeutung hat, daß sie um den Rest eines oft sehr qualvollen Lebens kommen. Im Kriege müssen tausende von jungen und kräftigen Existenzen sich für die Anderen opfern!

Ich habe bisher von Operationen gesprochen, welche einen auch numerisch glänzenden Erfolg haben.

Wir machen aber auch Operationen, die außerordentlich selten einen Erfolg haben. Das beste Beispiel
hiefür sind — um einen populären Ausdruck zu ge-
brauchen — die Fälle von innerer Darmverschlingung und
Darmverschließung.*) Diese Fälle sind bis auf ganz außerordentlich seltene Ausnahmen alle verloren, wenn man nichts
thut. Und wenn man operirt, sind sie bisher auch fast verloren. Ab und zu bringen wir aber Einen doch durch, der nach
der vorgefundenen Sachlage gewiß verloren wäre. Ab und
zu helfen wir Einem für den Augenblick, und er stirbt uns
einige Wochen später an irgend einer Complication. Es ist
dies schließlich auch ein ganz kleiner Erfolg.

Welchen Einfluß hat nun die Vornahme dieser Operationen auf die Statistik?

Angenommen, ich würde von fünfzig solchen Fällen
nur einen einzigen retten, so hat das in runden Ziffern
folgende Alteration der Statistik zur Folge: Sagen wir
jährlich im Ganzen tausend Operationen (die kleinen ein-
gerechnet); sagen wir darunter jährlich zehn Fälle von
Darmverschließung, so erhöhen wir die erfolglosen Fälle die
Mortalitätsziffer um ein ganzes Percent durch vier
Jahre lang; im fünften Jahre bessert wir der eine
Fall die Mortalitätsziffer um ein gar nicht merkliches
Minimum.

---

*) Auf pag. 9 sagt der Verfasser: „Bei jeder hartnäckigen Stuhl-
verstopfung drängt man heute zum Bauchschnitt." Hier ist der Verfasser
entgleist. Er dürfte heute schon diesen Ausdruck tief bereuen, falls er ein
anständiger Mensch ist, da die citirte Behauptung eine grobe und leicht-
fertig ausgesprochene Lüge und Verleumdung ist, welche allein den Verfasser zwingen sollte, öffentliche Abbitte zu leisten.

Ja, wenn ich nur im Interesse der Statistik operiren wollte, so würde ich die Sache stehen lassen.

Aber ich erinnere nur an die Scene im Germinal, wo der Director der Gewerke nach den Verschütteten mit Aufbietung aller Kräfte graben läßt. Endlich kommen die Geretteten! Aber es ist nur Einer — gerade der ärgste Gegner des Directors. Die beiden Männer stürzen auf einander zu und umarmen sich, hingerissen von dem Augenblicke.

So drastisch sind die Scenen nicht, die wir erleben. Aber wenn ein Operateur auch nur Einen gerettet hat, der an Darmverschlingung gelitten, so sagt ihm der dankbare Blick des Operirten: Mein Bruder, du hast mich gerettet. Das genügt.

Nun bin ich der Ueberzeugung, daß sich langsam, im Laufe vieler Jahre auch bei den Darmverschlingungen das Verhältniß um Einiges bessern wird. Jeder Fall, den wir operiren, erhöht unsere Erfahrung, macht uns geschickter. Die Operation schadet dem Kranken nicht, da er schon vor derselben verloren war; sie mildert oft sogar das entsetzliche Ende, indem eine Art Wohlbefinden und Betäubtheit sich einstellt; sie ist aber für die Zukünftigen doch von einigem Nutzen. Hic locus est, ubi mors gaudet succurrere vivis!

Endlich die Operation bei innerem Krebse!

Heilung? Mitunter auch! Aber leider wie selten!!

Besserung? Auf eine Zeitlang entschieden!

Todesfälle nach der Operation? Leider häufig!

Nun könnte man hier sagen: Wie kommen diejenigen, welche in Folge der Operation sterben, dazu, sterben zu müssen, damit wenige Andere leben, und einige Andere auf eine gewisse Zeit gebessert werden?

Ich wünschte, es wäre besser. Aber auch hier müssen wir das betreffende Capitel ausbauen. Man überlasse es nur u n s.

Wer die qualvolle Existenz eines an Magenkrebs Leidenden, das beständige Ekelgefühl, das Erbrechen der Nahrung, die mitunter auch bedeutenden Schmerzen erwägt, der wird es doch als Erfolg bezeichnen, wenn man einigen Menschen auf Monate, einigen sogar auf Jahre hin die Gesundheit wiedergibt. Nun haben wir gelernt, daß die Billroth'sche Resection ein solches Resultat nur in exquisiten Fällen gibt. Für die ungünstigeren Fälle ist das Spiel auch nicht ganz verloren. Die von Wölfler entwickelte Gastro= enterostomie, die ein weit weniger gefährlicher Eingriff ist, verschafft hier in vielen Fällen den Kranken eine ganz bedeutende Erleichterung ihres sonst unabänderlichen Loses. Durch die richtige Wahl der Fälle werden die Mortalitätsziffern auch hier niedriger. Wir arbeiten nicht für die Statistik, sondern für die Kranken; wenn es uns auf die Statistik ankäme, so würden wir die Fälle stehen lassen.*)

Ich überlasse es nun jedem einsichtigen Laien, zu be= urtheilen, ob der ganze Erfolg der modernen Chirurgie für das leidende Publicum darin besteht, daß auf den chirurgi= schen Kliniken und Abtheilungen an ihm zwölfmal mehr

---

) Herr B. meint, die gangbaren Statistiken unserer Spitäler seien wenig brauchbar, und schlägt eine Statistik nach Krankheitsformen vor. (Pag. 39, Anm.)

Er geräth hiebei in die Situation jenes bäuerlichen Politikers, der erklärte, er müsse gegen die Regierung sein, so lange nicht eine An= stalt für Wetterbeobachtung da ist, und dem man sagen mußte, die Centralanstalt für Meteorologie bestehe schon seit Decennien. Statistiken der Art, wie sie Herr B. wünscht, existiren in der Fachliteratur.

operirt wird als im Jahre 1856 — und ob Herr B. den Beweis für eine so weittragende und die Interessen der Gesellschaft so schwer tangirende Behauptung erbracht hat.

Herr B. spricht von einer enorm gesteigerten Operationslust der Wiener Chirurgen.

„Enorm" heißt so viel wie über die Norm hinaus. Wo nimmt er die Norm an? In der Chirurgie vom Jahre 1856? Warum nicht in der Chirurgie vom Jahre 1832 oder 1805 oder 1756?

Wenn wir unsere Operationslust über jene, die im Jahre 1856 geherrscht hat, nicht entschieden gesteigert hätten, wo wären die Erfolge der Ovariotomie, um nur ein Beispiel anzuführen — Erfolge, die Herr B. selbst unumwunden zugibt?

Nun, das war ja doch eine über die damalige Norm hinausgehende Steigerung der Operationslust.

Oder nimmt er die Norm in der deutschen Chirurgie an? Nun, da hätte er in streng wissenschaftlicher Art den Beweis führen müssen, daß wir anders verfahren als die Chirurgen in Berlin und draußen im Deutschen Reiche, und zwar hätte der Beweis zu unseren Ungunsten ausfallen müssen. Er soll sich nur orientiren!

Oder nimmt er die Norm in Paris? Er möge nur hinsehen, wie die jetzigen Pariser Chirurgen, nachdem der Widerstand der dortigen alten Herren gegen die Antiseptik gebrochen ist, sich an den Erfolgen der antiseptischen Ovariotomien erfreuen und mit unserem Sinnen und Trachten übereinstimmen.

Also über welche Norm hinaus ist denn unsere Operationslust gesteigert?

Es scheint, daß er die Norm — in der Chirurgie der Barmherzigen Brüder in der Leopoldstadt sucht. Er hat aber gegen die ehrwürdigen Patres und Fratres daselbst eine sehr große Ungeschicklichkeit begangen. Er sagt, sowie die besten Frauen diejenigen sind, von denen man am wenigsten spricht, so seien auch die besten Spitäler jene, von denen am wenigsten gesprochen wird. Dieses stylistische Kunststück ist herzlich schlecht. Dann waren Cäsar und Karl der Große schlechte Staatsmänner, Goethe und Schiller schlechte Dichter, Napoleon und Moltke schlechte Feldherren, weil man von ihnen gar so viel spricht? Indem er aber die Barmherzigen Brüder von der für das männliche öffentliche Wirken üblichen Schätzung ausnimmt und sie mit den Weibern zusammenrangirt, hat er sie geradezu beleidigt. Vor Allem hätte er aber selbst von den Barmherzigen Brüdern nicht sprechen sollen; denn indem er von ihnen in einer zur Verbreitung bestimmten Broschüre spricht, muß er ja ihren Ruf vermindern. Will er das gutmachen, so muß er weiter gehen; er muß den Antrag stellen, daß wir alle pensionirt und die barmherzigen Patres und Fratres zu Professoren der Chirurgie ernannt werden. Unsere braven Collegen vom geistlichen Stande werden hoffentlich diese meine Bemerkungen mit der entsprechenden Heiterkeit aufnehmen.

Also was bleibt von allem dem, was uns Wiener Chirurgen zum Vorwurf gemacht wird? Wo sind die Thatsachen, die uns zum berechtigten Vorwurf gemacht werden könnten? Es kommt sicher ab und zu eine Operation vor, die ganz erfolglos geblieben ist. Ja, wird nicht ab und zu auch Jemand unschuldig verurtheilt? Gibt es überhaupt menschliche Thätigkeiten, wo nicht ab und zu Unrichtiges geschieht?

Der ganze Excurs über die Operationslust der heutigen Wiener Chirurgen wäre unterblieben — ja die ganze Broschüre wäre nicht geschrieben worden —, wenn der Herr V. statt einen einzigen Jahrgang aus den Fünfzigerjahren herauszugreifen, wenigstens einige Jahrgänge berücksichtigt hätte. Er hätte dann nicht nur begriffen, daß die niedrige Mortalität im Jahre 1856 keine verwendbare Ziffer bietet, sondern er hätte auch sofort gesehen, daß die Zahl der Operationen auch schon im Jahre 1858 eine nahezu ebensogroße war wie im Jahre 1867. Ich bitte den Leser, nur einen Blick auf pag. 18 dieser Broschüre zu werfen, wo die Ziffern sprechen, und dann den belustigenden Passus des Herrn V. auf pag. 32 seiner Broschüre zu lesen, in welchem er tiefsinnige Betrachtungen darüber anstellt, wie sich die Operationslust der Chirurgen im Jahre 1867 gestraft hat. Beim Abfassen dieses Passus muß sich der Herr V. außerordentlich geistreich vorgekommen sein. Diese gefährliche Pose wäre ihm erspart geblieben, wenn er die Zahl der Operationen und ihre Erfolge im Jahre 1860 angesehen hätte!

Kurz gesagt, es ist an ein großes Thema ein Mann herangetreten, der weder die Einsicht noch die Mühe besaß, die nothwendig ist, bevor man die Feder in die Hand nimmt, also ein schreiblustiger Raisoneur, eine der häufigen Figuren unserer Zeit auf anderen Gebieten, in der Medicin schon sehr rar.

VI.

Auf pag. 40 seiner Broschüre macht Herr V. folgende Aufstellung:

„Das Schlußresultat unserer statistischen Untersuchungen ist, daß wir nicht umhin können, an dieser Stelle unsere Bewunderung darüber auszusprechen, was die früheren Ordinarii des allgemeinen Krankenhauses unter verhältnißmäßig ungünstigen hygienischen Verhältnissen, beim Mangel der Fortschritte der Operationstechnik und der aseptischen Methode u. s. w. zu erzielen im Stande waren, und wir würden es für einen großen Gewinn für unsere medicinische Jugend halten, wenn ihnen die Sprache dieser Zahlen manchmal zu Gemüthe geführt werde, damit sie daraus die nothwendige Bescheidenheit lerne und nicht in moderner Selbstüberhebung mit Verachtung auf frühere Zeiten herabblicke, sondern darin den Sporn finde, mit Hilfe der gemachten Fortschritte bessere Resultate zum Heile der leidenden Menschheit zu erzielen, als jene braven und verehrungswürdigen Männer unter ungünstigen Verhältnissen erzielt haben.“

Diese Aufstellung veranlaßt mich zu folgender Bemerkung: Einzelnen dieser früheren chirurgischen Ordinarii des k. k. allgemeinen Krankenhauses, wie namentlich meinem Lehrer

Schuh und meinem Lehrer, einstigen Chef und väterlichen Freunde Freiherrn v. Dumreicher, dessen Nachfolger zu sein ich die Ehre habe, bewahre ich ein geheiligtes Andenken, so lange ich leben werde. Es waren wirklich ausgezeichnete Männer; ich stand ihnen auch näher als der Herr V. Jene Chirurgie, welche Schuh und v. Dumreicher betrieben und gelehrt haben, betrieb und lehrte ich auch. Es war ja die= selbe Chirurgie, die in Deutschland und Frankreich, Rußland und England, Italien und Amerika allgemein betrieben wurde.

Wir älteren Chirurgen, die aus eigener Anschauung und aus eigener Thätigkeit noch jene vorantiseptische Epoche kennen, dürfen daher ein Urtheil abgeben; was der Ver= gangenheit an Lob und Tadel gespendet wird, betrifft auch uns.

Ich spreche gewiß im Sinne aller jener Chirurgen, die wie ich auch an jener älteren Chirurgie thätigen Antheil ge= nommen haben, wenn ich sage, daß wir uns glücklich preisen, die frühere und die jetzige Epoche genau zu kennen. Die nach uns kommen werden, die werden das, was wir Alles gesehen und erlebt haben, nur aus der Lectüre kennen. Sie werden die Schilderungen für unglaublich erklären, unsere damaligen Irrthümer für unbegreiflich.

Ich selbst habe oft auf demselben Tische, auf welchem soeben eine Leiche gelagert war, an der ich dem Auditorium Operationen vorzeigte und erklärte, in derselben Viertelstunde eine Operation am lebenden Menschen ausgeführt. Die Leiche wurde heruntergenommen, in einen Winkel des Hörsaales gebracht, der Patient auf den Tisch gelegt und operirt. Semmelweiß hatte zwar gezeigt, daß die Studenten der Medicin, die aus den Secirsälen auf die Gebärklinik kommen, die Gebärenden mit Leichengift verunreinigen; einzelne ge=

4

wissenhafte Geburtshelfer führten daher eine Art von Des-
infection der Studenten ein, freilich in einer sehr unvoll-
kommenen Weise, da ja die Dinge, die heute klar sind, noch
sehr verschleiert und dunkel waren. Wir Chirurgen waren
aber wie mit Blindheit geschlagen. Erst als Billroth nach
Wien kam, stellte er den unbegreiflichen Unfug ab, daß
Leichen zum Zwecke der chirurgischen Operationslehre und
der chirurgischen Rigorosen in die Operationssäle der
Kliniken gebracht würden. Wie es im alten Hôtel de Dieu
in Paris aussah, wie die bauliche Anlage des ersten
Operationssaales im allgemeinen Krankenhause selbst in noch
früheren Zeiten beschaffen war, das ist ja den Fachmännern
bekannt.

Ich habe auch Epidemien von Spitalsbrand mit-
gemacht, sowohl im Wiedener als auch im allgemeinen
Krankenhause. Ich werde vielleicht einmal die Feder ergreifen,
um das Erlebte zu schildern. Jene meiner Schüler, die heute
schon als Professoren und Primarärzte figuriren, kennen das
nicht; geschweige denn die jüngeren Doctoren! Sie kennen
es nur aus unseren Vorlesungen. Ich habe es erlebt. Wenn
eine solche Epidemie kam, war ja jeder Operirte, jeder Ver-
letzte, Jedermann, der vielleicht nur eine kleine Stichwunde
besaß, sozusagen geliefert. Von dem einen Bette, wo der
Brand zuerst ausgebrochen war, verbreitete sich die Seuche
über 24 Stunden auf alle Betten des Zimmers, dann auf
die benachbarten Zimmer, und der Tod hielt seine Ernte.
Vielleicht am ärgsten sah es in dem alten Krankenhause in
München aus. So oft ich hinkam, herrschte dort Spitalsbrand,
und mein seliger Münchener College v. Nußbaum hatte von
64 Amputationen des Oberschenkels nur 4 durchgebracht!

Die älteren Zeitgenossen erinnern sich wohl, wie häufig sie beim Lesen der Zeitungen in dem Verzeichnisse der Verstorbenen das Wort „Pyämie" lasen. Jedes Verzeichniß brachte eine Reihe von Pyämiefällen. Heute kommt diese Krankheit außerordentlich selten vor, und ich sehe das einstens so imposante und gefürchtete Krankheitsbild, das man alle Tage sah, nicht einmal in Monaten wieder.

Aus der oben angeführten Conclusion des Herrn B. — die nur eine scheinheilige Pietät gegen die Vergangenheit involvirt — könnte der Laie vermuthen, daß die früheren Ordinarii des allgemeinen Krankenhauses im Besitze Gott weiß welcher Weisheit und Kunst waren, die jetzt verloren gegangen ist. Beileibe nicht! Es wurde gerade so amputirt wie jetzt. Die Indicationen waren ja wesentlich dieselben, die Messerführung nicht besser, auf die Wunde wurde Charpie — zerzupfte alte Unterziehhosen! — gelegt, und dann wurde halt abgespritzt; eine Wärterin mischte in einem grünglasirten Topfe mit ihrer Hand (Reinlichkeit!) warmes und kaltes Wasser; nun wurde ein Badeschwamm in das Wasser getaucht und über der Wunde ausgedrückt; dann wieder Charpie — weiß Gott, von welchen Händen gezupft — darüber gelegt, und die Visite war fertig. Starb der Kranke, so bedauerten wir ihn gewiß vom Herzen und waren über den Mißerfolg ganz unglücklich. „Aber, was läßt sich da thun," dachten wir. Das war unsere ganze Weisheit! Man glaube es mir, mehr war nicht dahinter!

Und nun frage ich: Wann war die Operationslust größer? Damals oder jetzt?

Erwägen wir! Es kam ein Mann auf die Klinik mit einem seit Jahren bestehenden Unterschenkelgeschwüre. Der

Mann hätte auch zwanzig Jahre leben können. Man rieth ihm zur Amputation, führte sie aus, und da die Mortalität der Amputationen im allgemeinen Krankenhause beiläufig zwischen 20 und 40 Percent schwankte, so setzte man den Kranken wegen eines relativ ganz geringen Leidens einer sehr großen Gefahr aus, und verlor natürlich solche Fälle häufig! Wenn heute Jemand mit einem sehr schweren, tödt= lichen Leiden, z. B. Gehirnabsceß, behaftet ist, und wenn man sich die Möglichkeit vorstellt, ihn dennoch zu retten, und wenn man, auf die großen Vortheile der Antiseptik gestützt, die Trepanation unternimmt — so soll das eine größere Operationsluft sein als jene?

Nein! Die Praxis der Vergangenheit war viel operationslustiger, viel gewagter, viel waghalsiger. Das sagt jedem älteren Chirurgen sein Gewissen. Unter der Herrschaft der Anti= septik leben wir und sterben wir ganz ruhig.

Herr B. tadelt zwei Aussprüche, die ich gethan. (Siehe pag. 4 und pag. 47 seiner Broschüre.) Ich nehme auch nicht eine Silbe zurück; die Aussprüche sind ganz richtig. Ich lade aber Herrn B. ein, mich einmal zu besuchen, und ich werde ihm — in vertraulichster Weise und mit absoluter Verschwiegenheit — aus seiner Broschüre Stellen vorzeigen, die so confuse Sachen verrathen, daß er sich seiner Broschüre auch noch in anderen Punkten als den hier besprochenen gewiß schämen wird.